環境にはいりょしたことを示すマーク

エコマーク
生産されるときから捨てるまでの商品の流れを考え、環境への悪影響が少ないと認められた商品につけるマーク。
（日本環境協会）

レジ袋

バイオマスマーク
石油ではなく、植物や動物（バイオマス）を原料にした製品に使われる。（日本有機資源協会）

レジ袋

バイオマスプラマーク
石油ではなく、植物や動物（バイオマス）を原料にしたプラスチック製品であることを示すマーク。
（日本バイオプラスチック協会）

レジ袋

グリーンプラマーク
使用後に微生物の働きで完全に分解できる、生分解性のプラスチックに使用される。
（日本バイオプラスチック協会）

リサイクル素材を使っている商品のマーク

トイレットペーパー

グリーンマーク
トイレットペーパーなど、古紙が一定基準以上使われている製品に表示される。
（古紙再生促進センター）

ふうとう
封筒

再生紙使用マーク
再生紙で、古紙パルプを原料に何%配合したかがわかるマーク。
（3R活動推進フォーラム）

紙ナプキン

牛乳パック再利用マーク
使用済みの牛乳パックを、再利用した製品に使われる。（牛乳パック再利用マーク普及促進協議会）

洗剤の袋

PETボトルリサイクルすいしょうマーク
容器包装や服、文ぼう具など、ペットボトルをリサイクルしてつくった

JN114223

リユースに関するマーク

お酒のびん

Rマーク
販売店で回収され、くり返し洗じょうされて使用されるびんに使われる。
（日本ガラスびん協会）

お酒のびん

丸正マーク
本来は、リユース用のマークではなく、計量法に基づくマークで、ある高さまで入れた時に正しい量が入るという事を示すもの。このマークがついているびんは、リユースされているものが多い。
（経済産業省）

ごみとリサイクルマークの歴史

環境への意識が高まり、統一美化マークやグリーンマークがつくられたのは1980年代のこと。1990年代には、ごみ問題解決のためにリサイクルが進められ、ごみを分別しやすくするためのマークがつくられるようになりました。2000年には循環型社会をつくるための「循環型社会形成推進基本法」という法律がつくられますが、これは、ごみへの意識が処理から循環へと変わる大きなきっかけとなりました。このとき、各協会が定めていたマークが国の制度として位置づけられ、アルミマーク、スチールマーク、紙マーク、プラマークをつけることが義務になりました。現在では、バイオマスマーク、グリーンプラマークなど、環境によい製品につけるマークがたくさんできています。

統一美化マーク

1980年代

アルミマーク

1990年代

バイオマスマーク

2000年代

ごみゼロ大事典

① 家庭のごみ

丸谷 一耕
古木 二郎
滝沢 秀一
山村 桃子
上田 祐未 / 共著

はじめに

　「ごみ」と聞くと、みなさんは「いらないもの」「こわれたもの」「きたないもの」と思うかもしれません。でも、「ごみ」はそのようなものなのでしょうか?

　わたしたちの仕事は、「ごみを減らすための調査」をすることです。実際に家庭や会社などから出たごみを分類していくと、ごみとして捨てられるものが、直せば使えるものや、分けることで新しいものに生まれ変わるものなど、すばらしいリサイクル可能な資源に見えてきて、「もったいない」気分になります。また、ものを使い捨て続けると、限られた地球の資源は、いつかはなくなってしまいます。そうならないためには、将来「ごみをゼロ」にすることを考える必要があります。

　この本を読んでくださったみなさんにも、「ごみ」を正しく知ってもらい、まず自分の身のまわりから、楽しみながら「ごみゼロ」をじっせんしてもらえればうれしいです。

　『ごみゼロ大事典』は3巻セットになっています。

　1巻『家庭のごみ』では、家から出すごみが主役です。燃やすごみ、資源ごみ、燃やさないごみなどを解説し、それぞれの処理方法について紹介しています。法律では、「一般廃棄物」といいます。

　2巻『社会のごみ』では、家以外で出すごみが主役です。家以外とは、スーパー、動物園、学校、工事現場などで、社会のごみには「一般廃棄物」と「産業廃棄物」があります。産業廃棄物は法律で定められた20種類であり、一般廃棄物は「産業廃棄物以外のもの」です。また、ごみをめぐる問題についても紹介します。

　3巻『未来のごみ』では、ごみを減らす仕組みがテーマです。将来、ごみはゼロにできるとわたしたちは考えています。たくさんの人たちが取り組んでいるごみを減らすための仕事や、ごみを減らす優れた仕組みを紹介します。

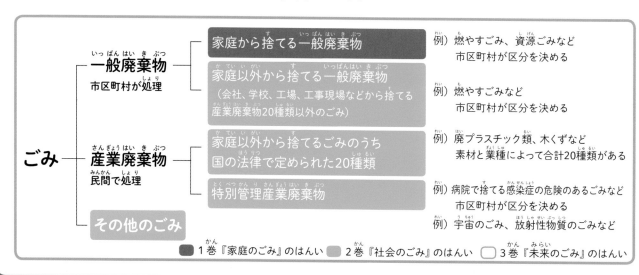

目　次

この本の使い方

人が生活する社会からは、毎日、たくさんのごみが出されています。この本では、ごみの種類や材質、ごみを減らす方法や限られた資源のリサイクルについて、たくさんの写真や図などを使い、わかりやすく紹介しています。この本が、「ごみゼロ」社会をつくるヒントになればと思います。

そのページであつかうごみの種類をアイコンで示しています。

①の内容

家庭から出るごみにはどんなものがあり、それをなぜ分別するのか、そしてどのように処理するのかについて、「よくある分別区分」を中心に紹介します。よくある分別区分とは、市区町村によって分別区分がちがうからです。「燃やすごみ」「ペットボトル」「かん」「びん」など、それぞれのページで、ごみの材質や分別するときの注意点、リサイクル方法などを解説しています。

①で登場するいろいろなごみ

再生紙にリサイクルできない紙もあるの？

再生紙にリサイクルできる紙と、できない紙があります。新聞や段ボールの分別は正しく行われることが多いですが、封筒やプリント、おかしの箱などの「雑がみ*1」は、分別しないまま燃やすごみとして捨てられることが多くあります。紙は木を原料にしてつくられるため、紙をリサイクルするということは、木を使う量を減らし、森林資源の節約につながります。

再生紙にリサイクルできない紙ってどんなもの？

紙から紙にリサイクルできないものを、「禁忌品*2」といいます。禁忌品には、プラスチックやアルミがついているもの、磁気がついているもの、ろうでコーティングされているもの、においが強くついているもの、油や生ごみでよごれているもの、感熱紙などがあります。禁忌品の基準は、市区町村やリサイクル工場によってちがうことがあるので、自分の住む市区町村が配布したごみ分別表で確認しましょう。

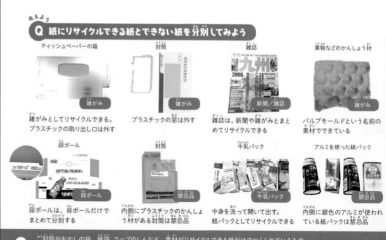

Q 紙にリサイクルできる紙とできない紙を分別してみよう

ティッシュペーパーの箱 — 雑がみ
雑がみとしてリサイクルできる。プラスチックの取り出し口は外す

封筒 — 雑がみ
プラスチックの窓は外す

雑誌 — 新聞/雑誌
雑誌は、新聞や雑がみとまとめてリサイクルできる

果物などのかんしょう材 — 雑がみ
パルプモールドという名前の素材でできている

段ボール — 段ボール
段ボールは、段ボールだけでまとめて分別する

封筒 — 禁忌品
内側にプラスチックのかんしょう材がある封筒は禁忌品

牛乳パック — 牛乳パック
中身を洗って開いて出す。紙パックとしてリサイクルできる

アルミを使った紙パック — 禁忌品
内側に銀色のアルミが使われている紙パックは禁忌品

16
*1 封筒やおかしの箱、紙袋、ラップのしんなど、素材がリサイクルできる紙だけでつくられているもの。
*2 リサイクルするときに、製紙原料としてふさわしくない物が混じっているため、製造される紙の品質に悪い影響をあたえるもの。

ペットボトル

紙（段ボール）

燃えないごみ

かん

危険なごみ

そのページであつかうごみがどのように処理されるのか、また、リサイクルされるのかなど、「ごみのゆくえ」を紹介しています。

📄 紙ごみ

燃やすごみの中にはリサイクルできる紙が多く混ざっている

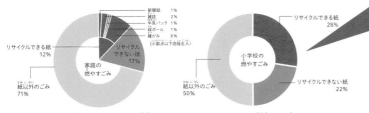

新聞紙 1%
雑誌 2%
牛乳パック 1%
段ボール 1%
雑がみ 8%
（小数点以下四捨五入）

リサイクルできる紙 12%

リサイクルできない紙 17%

家庭の燃やすごみ

紙以外のごみ 71%

リサイクルできる紙 28%

小学校の燃やすごみ

リサイクルできない紙 22%

紙以外のごみ 50%

ある町から出された、燃やすごみの中から紙を分類したもの。グラフの赤い部分は、リサイクル可能な紙の割合。燃やすごみの12%がリサイクルできる紙で、分別されずに燃やされていることになる。

ある小学校での調査では、燃やすごみの中に、リサイクルできる紙が28%も入っていた。

なるほど

紙マークは、紙製の容器包装に必ずついているよ。容器包装の素材が紙でできていることを示しているからなんだ。だから、紙マークがついている禁忌品もある。たとえば、カップラーメンのふたは、紙マークがあるけれど禁忌品だよ。紙マークがついている古紙のすべてを「紙製容器包装」として、分別回収する市区町村もあるんだ。

お湯の目安量320ml
3分

レシート
熱をかけて文字を印刷する感熱紙は禁忌品
禁忌品

カートカン
紙パック
「紙パック」のマークがある紙パックはリサイクルできる
雑がみ
禁忌品

プラスチックのラミネートがされたパンフレット
プラスチック加工されているものは禁忌品
禁忌品

複写伝票
うらがカーボン紙になっているため禁忌品
禁忌品

ヨーグルトの紙容器
LG21
内側が防水加工されているので禁忌品
禁忌品

書籍
書籍は新聞や雑誌とまとめてリサイクルできる
新聞/雑誌

和紙
和紙は原料がちがうので禁忌品
禁忌品

よごれた紙
油や生ごみでよごれていたら、どんな紙も禁忌品
禁忌品

⑰

そのページであつかうごみにまつわる情報を、グラフなどの図を使ってわかりやすく紹介しています。

考えよう
Q
「考えよう」には、そのページであつかうごみに関係するクイズや、みなさんに自分で調べてほしいことが書かれています。

なるほど
「なるほど」には、そのページであつかうごみの、大切なポイントなどが書かれています。

この囲みの中はコラムです。そのページであつかうごみについての知識を、より深める話が書かれています。

この本を読むときに注意してほしいこと

ごみの分別区分や処理方法は、市区町村によってちがいます。それぞれの市区町村にあるごみ処理施設の能力のちがいや、近くにどんなリサイクル施設があるかなどの条件によって、最適なごみ処理方法が変わってくるからです。自分が住んでいる市区町村が、ごみをどのように分別回収し、処理しているのかを調べてみてください。

なるほど
ごみ箱に捨てたごみは、どうなるのだろう？　だれが、どのような方法で処理をしているのだろう？　そして、リサイクルはとても重要なことだけれど、リサイクルの方法を知るだけで満足してはいけません。なぜならリサイクルは、たくさんのエネルギーを使うからです。大切なことは、みなさんが生活の中で、ごみを減らすために必要なことを考えて、それを実行し続けることです。

家庭のごみってなに？

「ごみ」を辞書で調べると「ものの役に立たず、ないほうがよいもの」とあります。はるか昔の鎌倉時代には、「ごみ」はどぶなどにたまるどろや木の葉を指していたと考えられていますが、現代の便利な暮らしでは、家庭からも、さまざまな種類の大量のごみが捨てられています。しかし、この大量の「ごみ」を、役に立たない不要のものだからといって、どこかに捨てておけばよいものでしょうか。

下の写真は、わが家から出る1か月分のごみです。右からプラスチックのごみ、紙のごみ、かんが並んでいます。そして、その左にはティッシュやおむつのごみが並んでいます。ごみが毎日たくさん出ています。ちなみにわが家では、生ごみは肥料にリサイクルしているので、この写真には写っていません。ごみが出ないように工夫しているほうなので、平均的な家庭では、この3倍にもなる多量のごみを出しています。

もし「家庭のごみ」の新しい利用方法を見つけることができれば、
「ごみ」は「ごみ」でなくなり、大切な資源に変わるのではないでしょうか。

ごみなんてなかった？

近代化以前の日本では、自然から得た素材はむだなく、くり返し使われてきました。井戸からくまれた水は食品を冷やし、お湯をわかし、衣類を洗ったあとに畑へまかれ、米を収穫した後のイネは、わらやもみがらなど、あらゆる部分を生活のために利用しました。江戸時代には、紙くずや衣類だけではなく、灰までも回収する業者があったといわれています。現代の言葉でいえば、昔の日本はリサイクルが進んだ、ごみのない循環型社会*1だったのです。

破れた提灯をはりかえる江戸時代の職人
（提供：国立国会図書館デジタルコレクション）

昔の人には、現代のわたしたちが出している「ごみ」という考えがなかったのかもしれないね。古くなったものをくり返し使ったり、ほかのことに再利用したり、そうした循環を大切にすることを「サステナブル*2」というんだ。

経済の発展とともに増えたごみ

経済が発展するとともに、処理がおいつかなくなるほどの多くのごみが出されるようになりました。公害や環境への関心が高まり、ごみに関する法律が定まり始めたのが1970年代はじめのこと。それまでは、家庭や会社から出される汚水は河川や海に流され、ごみはあらく分けられたあと、燃やされたり埋め立てられたりしていました。

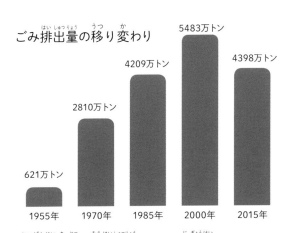

ごみ排出量の移り変わり

年	排出量
1955年	621万トン
1970年	2810万トン
1985年	4209万トン
2000年	5483万トン
2015年	4398万トン

一般廃棄物の総排出量であり、事業系もふくまれる
環境省「日本の廃棄物処理」（各年度版）

Q わたしたちが出すごみは、本当にごみ？

みなさんの家のごみ箱には、どんなものが入っていますか？　鼻をかんだティッシュや食べたおかしの袋など、自分や家族が毎日出すごみにはどんなものが多いのか、調べてみましょう。そして、そのごみがどこへ運ばれて、どのように処理されているのかをこの本で確かめてください。わたしたちが捨てたごみはもしかすると、再び使うことのできる資源かもしれません。

リサイクルマーク

*1 限りのある資源を大切に使い、使い終わったごみも再び資源として使い続けられる持続可能な社会のこと。
*2 「維持できる」「持ちこたえられる」を意味する形容詞。人間・社会・地球環境の持続可能な発展を意味する言葉として使われる。

7

「燃やすごみ」には資源がいっぱい

「燃やすごみ」で出されたごみを調べると、紙やプラスチック、かん、びんなど、資源となるものや、賞味期限の切れていないおかしなど、まだ食べられるものがたくさん混じっています。「燃やすごみ」とはどんなごみでしょうか。じつは、住んでいる市区町村によってちがいがあるのです。

これは燃やすごみ？　それとも？

市区町村によって変わる「燃やすごみ」。

	御所市	京都市	稲城市	大木町
生ごみ	○	○	○	× 生ごみ
封筒	○	× 雑がみ	× 古紙	× その他の紙類
くつ	○	○	× 燃えないごみ	× くつ・バッグ・帽子

「燃やすごみ」の名前も市区町村でちがいがある

北海道夕張市	なし（ごみは燃やさず埋め立てる）
東京都世田谷区	可燃ごみ
東京都稲城市	燃えるごみ
京都府京都市	燃やすごみ
大阪府枚方市	一般ごみ
大阪府大阪市	ふつうごみ
徳島県上勝町	どうしても燃やさなければならないもの

100けん分の「燃やすごみ」を調べてみたよ

ある市の許可をもらい「燃やすごみ」のごみ袋を100けんの家庭から集めて、中身を調べてみました。この市では、プラスチック製容器包装と古紙、かん、びん、ペットボトルは「資源ごみ」として回収しています。しかし、燃やすごみの中身を見ると、資源ごみ*がたくさん入っていました。この市では、生ごみは「燃やすごみ」に入れて正解ですが、食べられるものをたくさん捨てるのは、もったいないことです。

燃やすごみには、資源として再利用できるものがいっぱい

*資源ごみなどのリサイクル可能なごみは、市区町村によって決められていて、プラスチック製容器包装・かん・ペットボトル・びん・紙類・電池・金属などがある。

Q 家でポテトチップスの袋を捨てるとき、次の分別のどれが正しい？

① 燃やすごみ
② 燃やさないごみ
③ 資源ごみ（プラスチック製容器包装）

あなたがどこの市区町村に住んでいるかによって、答えはちがいます。正解は、あなたが住むまちの「ごみ分別表」で確認しましょう。

ポテトチップスの袋を捨てるときの分別例

A市	B市	C市
「燃やすごみ」	「燃やさないごみ」	「資源ごみ（容器包装プラスチック）」
A市は人口の多い大きなまちです。大きな焼却炉があり、ごみを燃やして小さくするだけではなく、発電するための燃料としてもごみを利用しています。そのためA市では、ポテトチップスの袋を「燃やすごみ」として回収しています。	B市には小さい焼却炉があり、発電機能はありません。プラスチックを「燃やさないごみ」として回収し、焼却するごみの量を少なくしています。B市では、ポテトチップスの袋を埋立処分場（くわしくは34ページ参照）でそのまま埋めています。	C市は、ポテトチップスの袋をプラスチック製容器包装として回収し、そのあとリサイクルできる工場に出しています。リサイクル工場では、プラスチックごみからもう一度プラスチックにリサイクルして、新たにプラスチック原料をつくっています。

ただし、ポテトチップスの袋などのプラスチックごみを、お店が捨てる場合は、産業廃棄物（くわしくは2巻参照）になります。

「燃やすごみ」は、日本全国同じではないんだね。それぞれの市区町村が、焼却炉の能力や設備、リサイクル施設が近くにあるか、燃やす以外に方法はあるかなどを考えて、燃やすごみの種類を決めているんだ。

ある市の家庭の燃やすごみを調べると、資源ごみが約20％も入っていました。写真のように見た目（体積）でみると、正しく分別されたものは、約6割でした。古紙やプラスチック製容器包装など資源として再利用できるものが入っていることは、とてももったいないことです。

「燃やすごみ」のゆくえ

「燃やすごみ」として分別されたごみは、焼却施設で燃やします。焼却炉では、800℃以上の高温を保って燃やします。煙突から出る排気ガスは、フィルターできれいにしたものです。焼却の熱を使って発電したり、温水プールを温めたりしていることもあります。

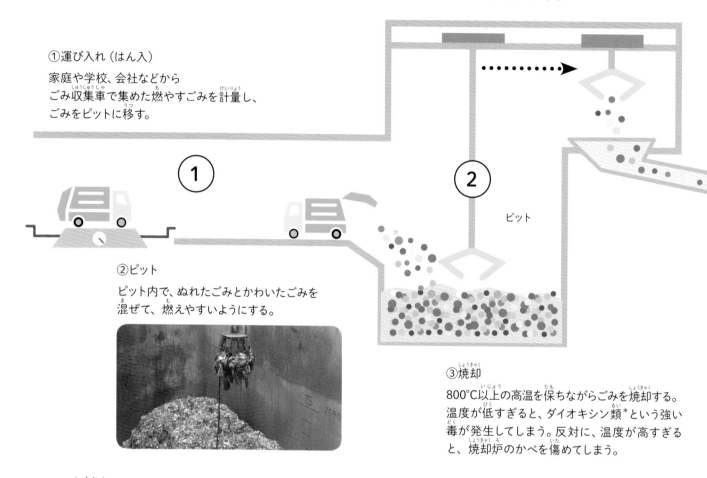

①運び入れ（はん入）

家庭や学校、会社などから
ごみ収集車で集めた燃やすごみを計量し、
ごみをピットに移す。

②ピット

ピット内で、ぬれたごみとかわいたごみを
混ぜて、燃えやすいようにする。

ピット

③焼却

800℃以上の高温を保ちながらごみを焼却する。
温度が低すぎると、ダイオキシン類＊という強い
毒が発生してしまう。反対に、温度が高すぎる
と、焼却炉のかべを傷めてしまう。

ごみを焼却することの「よいところ」「よくないところ」

よいところ	よくないところ
・衛生的に処理ができる。 ・さまざまな種類のごみを一度に処理できる。 ・災害時に大量発生したごみにも対応できる。 ・一部の焼却炉では、ごみを処理しながら　電気や熱をつくることができる。	・灰が発生し、利用先がなければ埋立処分場が必要になる。 ・施設を建てる場所の確保がたいへん。 ・施設から排出するガスやよごれた水の管理がたいへん。 ・ごみ収集車が集まるので、交通安全や道路混雑対策がたいへん。

＊ポリ塩化ジベンゾーパラージオキシン、ポリ塩化ジベンゾフラン、コプラナーポリ塩化ビフェニルという、3種類物質群のそうしょう。
ごく少量でも強い毒をもつと考えられている。

④ボイラーと発電機（一部の施設に限る）
一部の焼却炉では、燃やしたときに出る排ガスや熱を利用して蒸気をつくり、発電機を回して電気を得る。同時に排ガスの温度を下げる。さらにあまった熱を、暖ぼうや温水プールに利用する施設もある。

灰のスラグ化
灰をさらに高温で焼いてとかし、「溶融スラグ」というガラスのようなものに変える施設もあります。溶融スラグは、建設材料として再利用されるため、埋め立てる灰を減らすことができます。しかし、高温で焼くために大量の燃料を使います。

⑤排ガスのクリーニング
ごみを焼却して出るけむりは、えんとつから出すまでにいろいろなフィルターを通すことで有害な物質を取り除いている。白いけむりのほとんどは水蒸気。

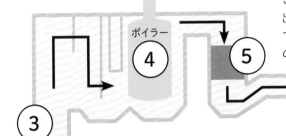

ボイラー

④

⑤

③

中央制御室

⑥焼却灰は埋立処分場へ
焼却したごみは灰になり、もとのごみの10分の1の小ささになる。灰は埋立処分場（くわしくは34ページ参照）へ運ばれる。

煙突

灰ピット

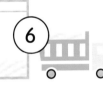
⑥

使用後のマスクやティッシュはどうするの？

インフルエンザや新型コロナウイルスなどの感染症対策で、マスクをすることがあります。また、かぜや病気になったときには、ティッシュなどで鼻をかみます。菌やウイルスは、血や鼻水、たんにふくまれています。ですから、マスクやティッシュなどには、菌やウイルスがついていることがあります。それに、ほかの人が接しょくするとうつってしまう危険があります。ごみ収集をするときに、ごみ袋の中身がこぼれると、収集作業をしている人にもうつる危険があります。人にうつさないように、ごみをきちんと出すことが大切です。菌やウイルスは、焼却炉で燃やすことで無害化します。

つばや鼻水がついたティッシュやマスクを袋に入れる

ごみを出すときは、ごみが飛び出ないように空気をぬく

ごみ袋はしっかりとしばり、中身がこぼれないようにする

「生ごみ」の半分は食べ残し？

家庭の生ごみは、多くの市区町村で燃やすごみとして処理されています。生ごみは水分が多いため、いちばん燃えにくいごみです。生ごみとして捨てられているものは、調理くずだけではありません。手つかずのまま捨てた食品や食べ残しもあります。本当は食べられるものなのに捨ててしまったものを「食品ロス」といいます。

食べられない
「調理くず」

食べられる
「手つかず食品」

食べられない皮、
骨、たねなどの
「調理くず」

食べられる
「食べ残し」

生ごみは「調理くず」「手つかず食品」「食べ残し」に分けられる。
もったいない食品ロスには「手つかず食品」と「食べ残し」の2種類がある

生ごみの種類

生ごみは、「調理くず」、「食べ残し」「手つかず食品」の3つに分けることができます。「調理くず」は、皮や骨などの食べられない部分、「手つかず食品」は、食べずに捨ててしまった食品のことです。「調理くず」は、仕方がないとしても、「食べ残し」と「手つかず食品」は、食べられるのに食べなかったもったいない部分です。「食べ残し」と「手つかず食品」は、生ごみの量の半分以上にもなり、「手つかず食品」には、賞味期限が切れていないものも多くふくまれています。

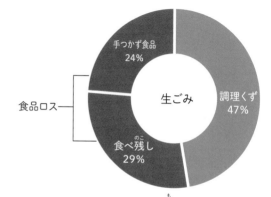

手つかず食品 24%
調理くず 47%
食品ロス
食べ残し 29%
生ごみ

A市の「燃やすごみ」の
生ごみの内訳

大量の食料を輸入し、大量の食品を捨てる日本

日本の食品廃棄物の量は、年間2550万トン。その中で食べられるのに捨てられる「食品ロス」の量は、年間612万トンにもなります（平成29年度推計値）。半分は工場や飲食店から出る事業系＊の食品ロスです。残りの半分が家庭からの食品ロスで、日常の食事にたとえると、国民ひとりが毎日ちゃわん1ぱい分の食品を捨てていることになります。日本は大量の食料を諸外国にたよって輸入している一方、大量の食品を捨てる食品ロス大国になってしまっています。

日本の食品廃棄物 2550万トン

日本の食品ロス 612万トン

食品輸入量 3375万トン

日本の米の収穫量 783万トン

世界の食料援助 380万トン

日本の食品ロス量を、食品輸入量や米の収穫量などと比べるといかに多いかがわかる。

環境省・厚生労働省・農林水産省・国連WFPの資料をもとに作成

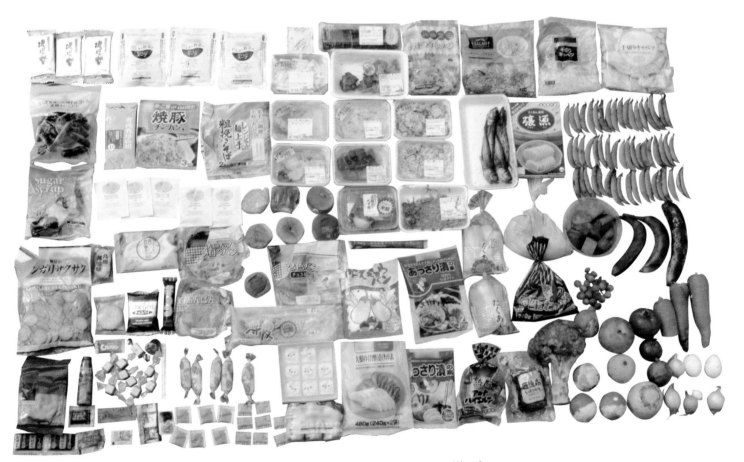

ある市の、27袋の燃やすごみに入っていた手つかずの食べもの

Q 食品ロスをなくすためには、どのような工夫をすればよいのかを考えてみよう。

＊事業系とは、食品工場や飲食店など、家庭以外のごみの出る場所を表す。

「生ごみ」はどうすれば減るのだろうか？

生ごみを減らすには、家庭で食品ロスが出ないようにするだけではなく、食べものを買うときや外食をするときも、食品ロスを減らす意識をもつことが大切です。「もったいない」を減らすために、まずは身近なことから工夫してみましょう。

調理くずを見てみよう

夏野菜カレー

ちくぜんに・かすじる

とりと野菜のなべ・つけ物・赤飯

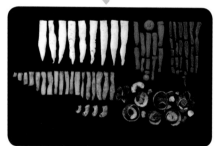

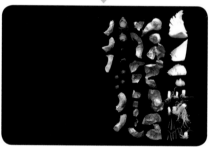

上の写真は、料理によってどれくらい調理くずが出るかを調べてみたものです。調理くずを少なくするためには、なるべく食材を使い切るメニューを考える、新鮮なニンジンやダイコンの皮はむかずに食べてみるなどの工夫が有効です。どうしても残ってしまった調理くずは、庭でたい肥にしたり、ダイコンの根などは植えると新しい芽を出したりするので、楽しむこともできます。

「もったいない」は日本の文化

世界的にも知られる「MOTTAINAI（もったいない）」は、日本人が大事にしてきた考えをしょうちょうする言葉です。京都では、食材やものを有効に使い、むだに捨てないようにひと工夫することを「始末する」と表現し、調理くずなどを再利用する文化が大切にされてきました。

調理くずを使ったたい肥づくり

食品をきちんと整理しよう

生ごみを減らすには、「買いすぎずに、使い切る」ことが重要です。お店ではたなのおくから商品を取らずに、なるべく消費・賞味期限の近いものや、たなの手前の商品を買ったり、食べ切れる分量だけを注文したりすることです。そして、家に持ち帰った食材は、冷蔵庫の使い方を工夫し、食材の保管場所をきちんと決めることで、食品ロスを減らすだけではなく、省エネルギーにもつながります。

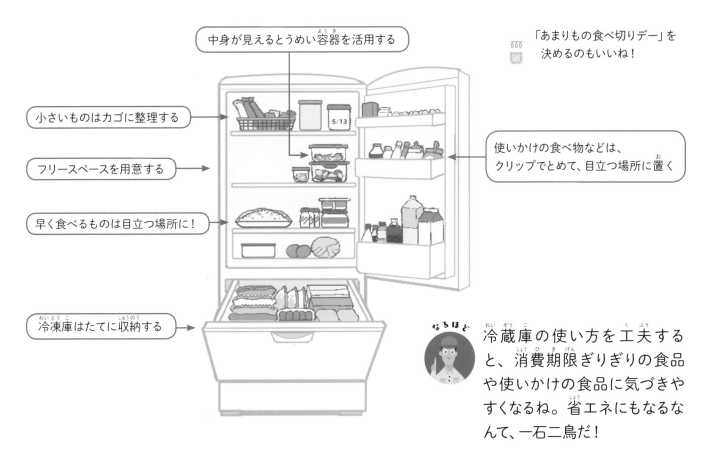

中身が見えるとうめい容器を活用する

「あまりもの食べ切りデー」を決めるのもいいね！

小さいものはカゴに整理する

フリースペースを用意する

早く食べるものは目立つ場所に！

冷凍庫はたてに収納する

使いかけの食べ物などは、クリップでとめて、目立つ場所に置く

冷蔵庫の使い方を工夫すると、消費期限ぎりぎりの食品や使いかけの食品に気づきやすくなるね。省エネにもなるなんて、一石二鳥だ！

食べ残しを出さない工夫をしよう

もったいないからといって、ぜったいに食べ切ることは、かえって体に悪いこともあります。大切なのは、食べ切れる分だけを盛りつけること。食べ切れそうもないときは、食べる前に量を減らしてもらうことです。また、楽しみなおやつも、きちんと時間を決めて食べること。食事の直前に食べてしまうと、せっかくの料理もきちんと味わえずに、食べ残しを増やしてしまうことにつながります。

もったいない食べ残しを少しでも減らそう

再生紙にリサイクルできない紙もあるの？

再生紙にリサイクルできる紙と、できない紙があります。新聞や段ボールの分別は正しく行われることが多いですが、封筒やプリント、おかしの箱などの「雑がみ*1」は、分別しないまま燃やすごみとして捨てられることが多くあります。紙は木を原料にしてつくられるため、紙をリサイクルするということは、木を使う量を減らし、森林資源の節約につながります。

再生紙にリサイクルできない紙ってどんなもの？

紙から紙にリサイクルできないものを、「禁忌品*2」といいます。禁忌品には、プラスチックやアルミがついているもの、磁気がついているもの、ろうでコーティングされているもの、においが強くついているもの、油や生ごみでよごれているもの、感熱紙などがあります。禁忌品の基準は、市区町村やリサイクル工場によってちがうことがあるので、自分の住む市区町村が配布したごみ分別表で確認しましょう。

考えよう
Q 紙にリサイクルできる紙とできない紙を分別してみよう

ティッシュペーパーの箱

雑がみ

雑がみとしてリサイクルできる。プラスチックの取り出し口は外す

封筒

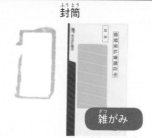

雑がみ

プラスチックの窓は外す

雑誌

新聞／雑誌

雑誌は、新聞や雑がみとまとめてリサイクルできる

果物などのかんしょう材

雑がみ

パルプモールドという名前の素材でできている

段ボール

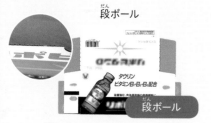

段ボール

段ボールは、段ボールだけでまとめて分別する

封筒

禁忌品

内側にプラスチックのかんしょう材がある封筒は禁忌品

牛乳パック

牛乳パック

中身を洗って開いて出す。紙パックとしてリサイクルできる

アルミを使った紙パック

禁忌品

内側に銀色のアルミが使われている紙パックは禁忌品

*1 封筒やおかしの箱、紙袋、ラップのしんなど、素材がリサイクルできる紙だけでつくられているもの。
*2 リサイクルするときに、製紙原料としてふさわしくない物が混じっているため、製造される紙の品質に悪い影響をあたえるもの。

燃やすごみの中にはリサイクルできる紙が多く混ざっている

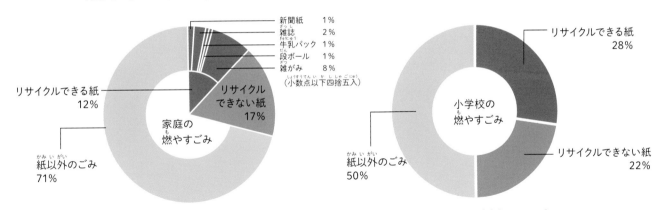

新聞紙　1%
雑誌　2%
牛乳パック　1%
段ボール　1%
雑がみ　8%
（小数点以下四捨五入）

リサイクルできる紙　12%
リサイクルできない紙　17%
家庭の燃やすごみ
紙以外のごみ　71%

リサイクルできる紙　28%
小学校の燃やすごみ
リサイクルできない紙　22%
紙以外のごみ　50%

ある町から出された、燃やすごみの中から紙を分類したもの。グラフの赤い部分は、リサイクル可能な紙の割合。燃やすごみの12%がリサイクルできる紙で、分別されずに燃やされていることになる。

ある小学校での調査では、燃やすごみの中に、リサイクルできる紙が28%も入っていた。

なるほど

紙マークは、紙製の容器包装に必ずついているよ。容器包装の素材が紙でできていることを示しているからなんだ。だから、紙マークがついている禁忌品もある。たとえば、カップラーメンのふたは、紙マークがあるけれど禁忌品だよ。紙マークがついている古紙のすべてを「紙製容器包装」として、分別回収する市区町村もあるんだ。

レシート

禁忌品

熱をかけて文字を印刷する感熱紙は禁忌品

カートカン

紙パック

「紙パック」のマークつきのものは紙パックに分別する

プラスチックのラミネートがされたパンフレット

禁忌品

プラスチック加工されているものは禁忌品

複写伝票

禁忌品

うらがカーボン紙になっているため禁忌品

ヨーグルトの紙容器

禁忌品

内側が防水加工されているので禁忌品

書籍

新聞／雑誌

書籍は新聞や雑誌とまとめてリサイクルできる

和紙

禁忌品

和紙は原料がちがうので禁忌品

よごれた紙

禁忌品

油や生ごみでよごれていたら、どんな紙も禁忌品

紙はどのようにリサイクルされるの？

日本で整えられた紙の回収の仕組みは、循環型社会の形成に大きくこうけんしています。分別した紙ごみが古紙問屋から製紙工場へとわたり、再び紙製品へと生まれ変わるリサイクルの流れを見てみましょう。

家庭・事業所

家庭や事業所から出された古紙は、回収車両に積みこまれて古紙問屋に運ばれる。

古紙回収で出された紙ごみ

紙加工工場

洋紙工場や板紙工場などで、さまざまな紙製品に加工され、小売店などで販売される。

トイレットペーパーとして加工される紙

古紙問屋

計量された古紙は選別して分別されたあと、圧縮される。商品となった古紙は製紙工場へ販売されるほか、輸出されるものもある。

古紙回収した紙ごみを、運びやすくするため圧縮する

製紙工場

圧縮された紙はとかされ、ごみを取り除いてひょう白される。だっ水され、シート状にされた紙は巻き取られてロールになったり、一定の大きさに裁断されたりして再生紙として製品にされる。

どろどろにとかされ、ロール紙として再生した紙

考えよう

Q 分別をきちんとしていないと、リサイクルの作業でどんなたいへんなことが起こるのだろう？

紙のゆくえ

どのような紙にリサイクルされるかは、紙の種類によって変わります。紙は、せんいの長さや色などのとくちょうによって使い分けられるからです。たとえば、紙パックはすべて木材からつくられている素材ですが、段ボールは原料の9割以上が古紙を使っている素材です。

顕微鏡で見ると、いろいろな紙からリサイクルされたことがわかる。
左が段ボール・右が新聞紙

考えよう
Q 古紙の種類によって生まれ変わる製品はどのようにちがうのだろう？

古紙の種類

新聞	段ボール	雑誌	雑がみ	紙パック

紙製品の種類

新聞 コピー用紙	段ボール箱	ちらし・雑誌 書籍・ボール紙	段ボール箱	トイレットペーパー ティッシュペーパーなど

雑誌などは少量のテープやホチキスの針がついたままでもリサイクルには問題ありません

なるほど
リサイクルできる紙ごみの行き先は素材によって変わるんだね。「段ボール」「紙パック」「新聞・雑誌・雑がみ」の3種類は区別してまとめるなど、古紙を捨てるときは、いっしょにまとめてよい古紙と、分けて出したほうがよい古紙を、きちんと分別することが大切だよ。燃やすごみとして捨てた紙ごみは、焼却処理施設で燃やされるよ。

1年間でペットボトルを何億本捨てているの？

日本では1年間で、約252億本（2018年度）ものペットボトルが使用され、捨てられています。ひとりあたり約200本も捨てている計算です。さまざまな原料でつくられるほかのプラスチックとは別に回収され、さまざまな製品にリサイクルされています。

ペットボトルをつぶして圧縮し、ひとまとめにしたもので「ベール」という

考えよう Q ペットボトルという区分で分別回収ができるもの、できないものを見分けよう。

ペットボトルとして分別回収できるもの

容量	2L	900mL	500mL	500mL	500mL	110mL	500mL	250mL	さまざま
使用	飲料用	飲料用	飲料用	飲料用	飲料用	飲料用	飲料用	飲料用	調味料など
とくちょう	飲料用の大きなペットボトル。	飲料用のやや大きなペットボトル。	ふつうの厚さのもの。	すぐつぶせるうすいもの。	炭酸用に構造や厚みを工夫したもの。	飲むヨーグルトなどが入っているもの。	使用済みのペットボトルから再生されたもの。	ホット専用のペットボトル。キャップがオレンジ色になっている。	めんつゆや、ノンオイルドレッシングが入っているペットボトル。

*英語でPOLY ETHYLENE TEREPHTHALATE。その頭文字をとって「PET(ペット)」と呼ばれる。

ペットボトルは何でできている？

ペットボトルのボトル部分は、PETからできていますが、キャップやシュリンクラベルの多くは、PET以外のプラスチック樹脂が使われているため、リサイクルのときに分別が必要なのです。

キャップはPP（ポリプロピレン）を材質としたプラスチックでつくられている場合が多い。PE（ポリエチレン）のものも増えている。

シュリンクラベルはPP（ポリプロピレン）とPS（ポリスチレン）というプラスチックでつくられる場合が多い。PE（ポリエチレン）やPET（ポリエチレンテレフタレート）のものもある。

ボトルの材質はPET（ポリエチレンテレフタレート）。

同じPET素材のボトルでも、PETマークがついていないものがある。

ペットボトル識別表示マークの対象品は、ペットボトルとしてリサイクルできる製品に限られています。油を使う製品には、「プラマーク」がついています。

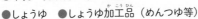

指定表示製品のペットボトル

| 飲料 | ●清涼飲料 ●酒類 ●牛乳・乳飲料 等 |
| 特定調味料 | ●しょうゆ ●しょうゆ加工品（めんつゆ等） ●アルコール発酵調味料 ●みりん風調味料 ●食酢／調味酢 ●ノンオイルドレッシング |

指定表示製品以外のペットボトル

- ●食用油脂をふくむもの
  例）食用油・オイル成分をふくむドレッシングなど
- ●香辛料の強いもの
  例）ソース・焼肉のたれなど
- ●非食品用途
  例）洗剤・シャンプー・化粧品・医薬品など
- ●そのほか
  政省令で指定表示品目に指定されていないもの

PET素材だけれど、ペットボトルとして回収できないもの

| 使用 | オイルドレッシング | のり容器 | おかしの容器 | 洗剤容器 | 卵パック |
| とくちょう | 容器にPET素材が使われているが、ペットボトル識別マークがついていないもので、プラマークがついている。PET素材に色がついていたり、シールがはってあったりする。 | | | | |

そのほかのペットボトル

リユース	色つき
ヨーロッパでは、くり返し使用できるリユース用のペットボトルがある。じょうぶにつくられていて、洗じょうしたあとが残っている。	日本では、リサイクルのために色をつけたペットボトルをつくらないように決められている。外国では色つきがある。

ペットボトルはどうやってリサイクルされるの？

ペットボトルは重量が軽く、強くてじょうぶな容器です。リサイクル可能な素材でつくられているため、正しく分別すれば、環境への悪影響を少なくすることができます。ペットボトルをきちんとリサイクルするために、ペットボトルがつくられる工程と、リサイクルされる（再商品化される）流れを知っておきましょう。

ペットボトルがつくられる工程

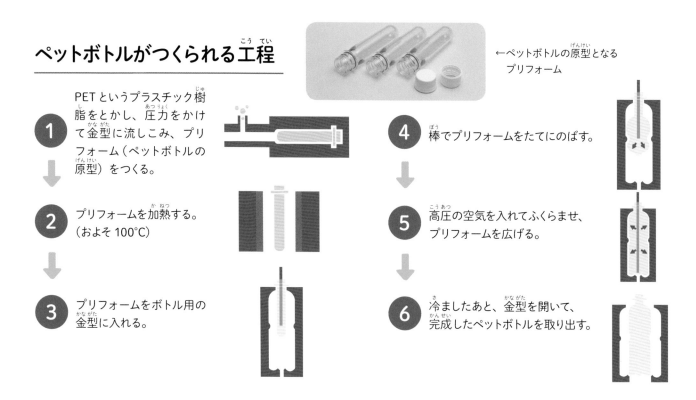

←ペットボトルの原型となる
　プリフォーム

1. PET というプラスチック樹脂をとかし、圧力をかけて金型に流しこみ、プリフォーム（ペットボトルの原型）をつくる。

2. プリフォームを加熱する。（およそ 100℃）

3. プリフォームをボトル用の金型に入れる。

4. 棒でプリフォームをたてにのばす。

5. 高圧の空気を入れてふくらませ、プリフォームを広げる。

6. 冷ましたあと、金型を開いて、完成したペットボトルを取り出す。

文字をほる!?

今ではあまり見かけなくなりましたが、以前は、製造番号や賞味期限をインクで印字しているペットボトルが多くありました。しかし、インクの色はリサイクルするときに残ってしまいます。そのため最近では、インクを使わずに、レーザーなどでほることで印字する方法が使われています。日本でつくられているペットボトルに色がついていないのも、リサイクルしやすくするためにメーカーが独自でルールを決めているからです。

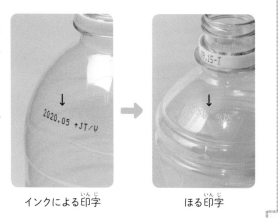

インクによる印字　　　　ほる印字

ペットボトルがリサイクルされるまで

正しく捨てられたペットボトルは、フレークやペレットとして再商品化され、さまざまな製品に利用される。

① 識別表示のチェック

ペットボトルの識別表示マークを確認する。キャップなど、容器の部位ごとに表示マークがちがうこともあるので注意が必要。

② 分別排出

市区町村の分別方法にしたがって排出する。キャップとラベルは外し、中をすすいだら、横方向につぶしておく。

③ 分別収集

収集されたペットボトルは、異物を取り除いたあと、圧縮（ベール化）される。

④ 再商品化

ベール化したペットボトルを人や機械の力で選別し、細かくくだく。その後、比重選別*でPET以外のプラスチックを取り除いたものが洗じょうされてフレークとなる。フレークを高温でとかしたものをひも状にし、つぶ状に細かくカットしたものをペレットという。

とかされたペットボトルが、ひも状にのばされてカットされる

再商品化製品

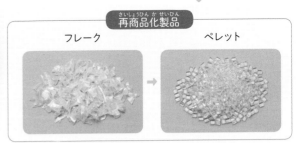

フレーク　　　ペレット

⑤ 利用製品

ペットボトルからペットボトルへの再生は「水平リサイクル」と呼ばれる。ペットボトル以外への再生は「カスケードリサイクル」と呼ばれ、フレークやペレットがさまざまな製品に利用されている。

水平リサイクル

飲料用ペットボトル

カスケードリサイクル

定規　　　セロハンテープ　　　クリアフォルダー

すごい！

世界的に高い日本のリサイクル率

日本の国民ひとりあたり、年間に約200本ほどのペットボトルを消費します。そのリサイクル率は８割。このうち５割は国内で、３割は海外に輸出されてリサイクルされています。国内でリサイクルするときの使い道は、卵パックなどをつくるシート型の材料として使われることがもっとも多く、次いで多いのがペットボトルの原料やせんいの原料です。

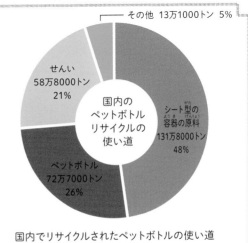

国内でリサイクルされたペットボトルの使い道（2018年度）

- その他 13万1000トン 5%
- せんい 58万8000トン 21%
- シート型の容器の原料 131万8000トン 48%
- ペットボトル 72万7000トン 26%
- 国内のペットボトルリサイクルの使い道

---

*PET（本体部分）は水にしずみますが、PPやPE（キャップやラベル部分）は水にうかびます。
この性質のちがいを利用して種類ごとに分ける方法を比重選別といいます。

プラスチックって1種類じゃないの？

プラスチックには英語で「自由に変形する」という意味があります。人工的に合成された樹脂状の素材で形がつくりやすいことから、さまざまな製品に利用されています。プラスチックには成分がちがうたくさんの種類があり、使い道に合わせて、それぞれの性質をいかした製品がつくられています。20ページで紹介したペットボトルも、プラスチックのひとつです。

商品の容器包装には、いろいろなプラスチックが使われている

考えよう
Q いろいろな素材でつくられたプラスチック製容器包装には、それぞれにどんな特ちょうがあるの？

PE（ポリエチレン） 水より軽く、やわらかい。薬品に強い。引っ張るとのびる。

PP（ポリプロピレン） 水より軽く、引っ張ってものびにくい。

砂糖や米の袋

ティッシュの袋

おかしの容器のふた

野菜の袋

野菜を包むシート

おかしの袋

1L紙パックのキャップ

豆ふのカップ

PS（ポリスチレン） かたくてもろく、水よりも重い。PS樹脂に空気をふくませた、発ぽうスチロールもある。

PVC（ポリ塩化ビニル）
PVDC（ポリ塩化ビニリデン） 燃えにくく、じょうぶで、水や風味をにがしにくい。

上ぶたは別素材→

肉のトレー

納豆のトレー

カップめんの容器

乳飲料の容器

つけ物のパック

肉のラップ

ソーセージの包み

はさみの容器

プラスチックができるまで

プラスチックの原料は石油です。石油から精製*されたナフサという軽質油に熱を加え、さまざまなプラスチック原料がつくられます。

① 原油を採くつする

石油のもととなる原油を、地下からほり出す。原油は主に中東や北米、ロシアなどで採くつされ、日本は約99.7％の原油を外国から輸入している。ほり出された原油は石油精製工場に送られる。

② 原油からナフサを精製する

石油精製工場に送られた原油は加熱炉で約350℃に加熱され、気体になる温度の差を利用して、ガソリン、軽油などの石油製品に分けられる。この石油製品のひとつである「ナフサ」がプラスチックのもとになる。

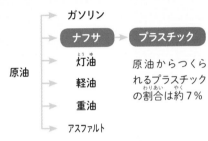

原油
- ガソリン
- ナフサ → プラスチック
- 灯油
- 軽油
- 重油
- アスファルト

原油からつくられるプラスチックの割合は約7％

③ ナフサからペレットをつくり出す

ナフサに熱を加え、「エチレン・プロピレン（気体）」、「ベンゼン（液体）」などのプラスチックのもとになる分子（石油化学基礎製品）をつくる。これらの分子をたくさんつなぎ合わせて、ポリエチレンやポリプロピレンなどのプラスチックの原料となる固体がつくられ、さまざまな添加剤を加えてペレットをつくる。

分子（石油化学基礎製品）

ナフサ
- エチレン ┐
- プロピレン │ ペレット
- ブタジエン
- ベンゼン
- トルエン
- キシレン

ペレットは小さなつぶ。これを加工してさまざまなプラスチック製品をつくる

プラスチック製品をつくる工場へ

PET（ポリエチレンテレフタレート）

水より重く、つやととうめい感がある。

ペットボトル

卵パック

そうざいのトレー

おかしの容器

いくつかの素材を複合させたもの

水分の多い商品に使われることが多い。

フルーツの袋

カップめんの調味料の袋

ヨーグルトのふた

ソーセージの袋

なぜ素材を複合するの？

それぞれのプラスチックのとくちょうをいかして組み合わせることで、使うプラスチックの量を減らしたり、中身の食品の賞味期限をのばしたりすることができます。

多層構造で外側からの酸素をブロックするマヨネーズ容器

*混合物から混ざりものを除いて、じゅんすいな物質をつくり出す工程。

プラスチックをリサイクルしよう

プラマーク

プラスチック製容器包装とは、ものを入れるためのプラスチック（容器）、または包む（包装する）ためのプラスチックのことで、レジ袋やおかしの袋、生鮮食品のトレーなどがあり、プラマーク（識別マーク）の表示が義務づけられています。プラスチック製容器包装という、分別区分がある市区町村があります。

製造・利用・販売会社がリサイクル費用を負担する

プラスチック製容器包装が家庭ごみ全体にしめる割合は、体積で見ると約60%。この大量のごみを資源として再利用するため、「容器包装リサイクル法*」が定められています。プラスチック製容器包装を製造したり、その容器包装を利用して商品を包んだり、販売したりする会社がリサイクルにかかる費用を負担する仕組みです。商品に容器包装を使う量を減らす工夫をすれば、会社の負担は減ります。

容器包装リサイクル法	
特定事業者（販売会社）	プラスチック容器包装を作ったり売ったりする会社はそのリサイクル費用を負担する。
消費者	市区町村のルールにしたがって、「プラマーク」のごみを分別して排出する。
自治体（市区町村）	資源となる「プラ」ごみを集めて選別し、洗じょうして保管する。
再商品化事業者（リサイクル業者）	保管場所から「プラ」ごみを回収し、再商品化する。

考えよう

Q 「プラマーク」がついているプラスチックは、どれだと思う？

① ジュースについているストロー
② ケーキなどについている使い捨てのフォーク
③ レジ袋
④ お店で買ったごみ袋
⑤ コンビニエンスストアで買ったコーヒーのカップ
⑥ コンビニエンスストアで買ったコップ
⑦ ペットボトルのキャップ

正解は③と⑤と⑦です。プラスチック製容器包装かどうかを見分けるポイントは、「商品を包んでいるかどうか」です。コンビニエンスストアで買ったコーヒーのカップはコーヒーという商品を包んでいますが、コップは、それ自体が商品で何も包んでいません。いちばん簡単な見分け方は、プラマークがついているかどうかを確認することです。

容器包装以外のプラスチックはリサイクルできないの？

容器包装以外のプラスチックを、プラスチック製品といいます。プラスチック製品は、容器包装リサイクル法の対象ではありません。プラスチック製品には、ハンガーやコップ、おもちゃ、ペンなどがあります。使い捨てのストローやスプーンもプラスチック製品です。なかには、この法律の仕組みを使わず、独自のやり方で、プラスチック製品を分別回収してリサイクルしている自治体もあります。

*正式な名称は、「容器包装に係る分別収集及び再商品化の促進等に関する法律」。

プラスチック製容器包装の再利用には3つのパターンがある

マテリアルリサイクル

使い終わったプラスチック製品をとかして、もう一度プラスチックをつくる方法。いろいろな種類のプラスチックの中から、適した素材のプラスチック（PE/PP/PS）を選んでリサイクルする。できあがったペレットはハンガーやごみ箱、植木ばちなどのプラスチック製品の材料として使われる。収集した容器包装のいろいろな色が混ざるため、とうめいなプラスチックにはもどらない。

ハンガー　　　ごみ箱　　　車輪どめ

ケミカルリサイクル

プラスチックを原料にもどし、油やガスなどの化学原料として利用する。炭酸水やドライアイスに使用する炭酸ガス、肥料（アンモニア）などをつくっている。また、鉄をつくるときの原料として使うこともある。

炭酸水に使用される炭酸ガス

エネルギーリカバリー

プラスチックを燃やすときの熱で蒸気をつくり、発電したり、そのまま利用したりするほか、熱によってプラスチックを石炭の形につくり変え、固形燃料（ごみ固形化燃料）にすることもある。

ごみ固形化燃料

なるほど

プラスチックをリサイクルすることで、資源を有効に活用するだけではなく、石炭などの環境に悪影響をあたえる燃料の消費をおさえることもできるんだね。でも、リサイクルにたよる前に、プラスチックの使用をなるべく少なくするという努力も大事だね。

リサイクルは大切だけど、使用も減らそう

プラスチックごみを燃料として利用するエネルギーリカバリーは、これまでサーマルリサイクルと呼ばれていました。「熱としてリサイクルする」という意味です。しかし、一度しか活用できない方法をリサイクルとみなすのはふさわしくないため、国際的にはエネルギーリカバリーと呼ぶようになりました。今でも、リサイクル率を計算するときに、エネルギーリカバリーもふくめていることがあるので確認しましょう。プラスチックが環境中に捨てられると、完全に分解されるまでに数百年から数千年かかるといわれているため、プラスチックの使用を少なくすることがなによりも重要です。

プラスチックごみは半永久的に残る

びんには2通りの使い道がある

びんには、リユースびん*（生きびん・リターナブルびん）とワンウェイびんの2種類があります。リユースびんは、牛乳びん、いっしょうびん、ビールびんなどで、使用後に洗じょう施設で洗われ、再び商品がつめられます。ワンウェイびんは、一度の利用でくだかれてリサイクルされるものです。いずれのびんも、原料からつくるより省エネです。

販売店にもどされたリユースびん

回収されたワンウェイびん

考えよう
Q リユースびんとワンウェイびんにはどんなものがあるのだろう？

リユースびん　牛乳びん、いっしょうびん、ビールびんが多い。そのほか、地域限定などでジュースや、しょうちゅうなどに利用される場合もある。

何度も洗うため、びんの側面には細かな傷がつく。Rマークは、リユースびんであることを示している。

いっしょうびん
（無色）

いっしょうびん
（色つき）

ビールびん

牛乳びん

ジュースのびん

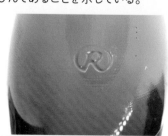

リユースびんのRマーク

*一度使ったものをごみにせず、何度も使うこと。リターナブルびん、生きびんとも呼ばれる。

びんはどのように再利用されるのだろう？

使用したびん

ワンウェイびんは自治体が回収する。

リユースびんは販売店に返却する。

自治体による回収

とうめい、茶色、そのほかの色に分けられることが多い。

販売店

販売店にリユースびんを返すと、預かり金を受け取れることがある。預かり金はデポジットともいう。

リユースびんは洗びん工場で洗じょうされ、検査を受ける。

びんの洗じょう

洗びん機に投入されるびん

カレット工場

集められたびんはくだかれ、異物を取り除かれる。

リユースびんでも、不良品（ひびやよごれ）はワンウェイびんと同じようにカレット（ガラスくず）工場へ運ばれる。

ガラスびん工場

飲料工場

商品をつめられたびんは販売店へ出荷され、再び消費者に利用される。

カレットは、もとのびんの色によって用とが変わる。色つきのものは道路の材料や家の断熱材などに使われる。

細かくくだき、異物を取り除いたカレットから、新しくびんをつくる。

洗じょうされたびんや再生されたびんに商品をつめる。

リユースびんを使えば、ガラスをとかしてリサイクルするエネルギーを減らせるんだね。たとえばビールびんの場合、20回以上、約8年間の使用にたえられるといわれているよ。リユースびんを分別せずに捨ててしまうのは、とてももったいないことだね。

ワンウェイびん

スーパーで売られている商品に使われているびんのほとんどがワンウェイびん。ワンウェイびんは、使い捨てで使用するため、リユースびんほど厚くなく、軽いものが多い。ワンウェイびんでも、自分で洗えば何度も使ったり、量り売りのお店に行ったりするときに使える。

ワインのびん

ポン酢のびん

ラムネのびん

栄養ドリンクのびん

プリンのびん

薬のびん

ジュースのびん

かんのごみは1年間で何億個捨てているの?

かんは金属でつくられた容器です。アルミ製のかんとスチール製（鉄製）のかんが主流です。飲料や食品をつめるために使われることが多いのですが、石油製品や化学薬品などの容器としても使われています。1960年ごろから飲料用のかんが国内で広まり、今では年間233億個消費しています。ひとりあたりの個数だと、年間200個以上になります。全国的に飲料用かんの分別回収はしっかり定着して、回収率は90%をこえています。

製かん工場でつくられるアルミかんのもととなる板（コイル）

市区町村によって変わる「かん」の分別

かんの分別も、市区町村によって少しちがいがあります。飲料用のかんだけを分けて回収する市区町村、飲料用と食料用のかんをいっしょに回収する市区町村、飲料用と食料用に加えて、スプレーかんやガスボンベのかんもいっしょに回収する市区町村もあります。アルミかんとスチールかんは、大型の磁石を使ってかんたんに分けられるため、いっしょに回収することがほとんどです。

飲料・食料用のかん

一般かん
（せんべいのかんなど）

18Lかん
（石油かんなど）

考えよう

Q 生活の中で使われているかんには、どのようなものがあるのだろう?

スチールかん　鉄鉱石から採り出された鉄が原料。じょうぶで重い。アルミかんに比べるとさびやすい。

鉄鉱石

飲料かん

果物のかんづめ

肉類のかんづめ

コーンのかんづめ

魚のかんづめ

せんべいのかん

そばつゆのかん

びんのキャップ

スチールかんとアルミかんはどのように再利用されるのだろう？

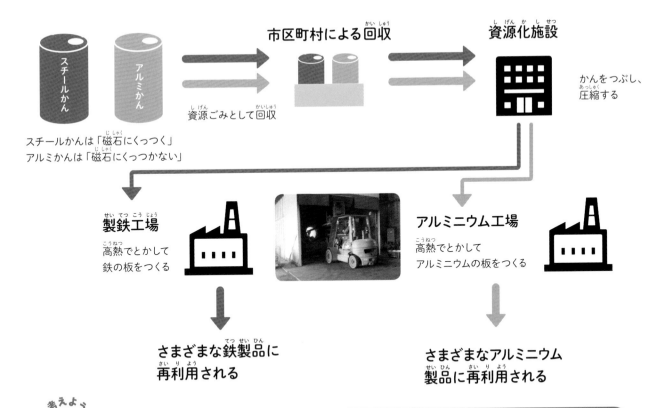

市区町村による回収

資源化施設

かんをつぶし、圧縮する

資源ごみとして回収

スチールかんは「磁石にくっつく」
アルミかんは「磁石にくっつかない」

製鉄工場
高熱でとかして鉄の板をつくる

アルミニウム工場
高熱でとかしてアルミニウムの板をつくる

さまざまな鉄製品に再利用される

さまざまなアルミニウム製品に再利用される

考えよう

Q 350mLのかんジュースをつくるのに、どれくらいの電気が使われるんだろう？

① テレビを **20** 分つけた電気の量
② テレビを **2** 時間つけた電気の量
③ テレビを **20** 時間つけた電気の量

かんジュース1本をリサイクルするのに必要な電気は1,628Wh（ワット・アワー）です。これはテレビを20時間つけることができる電気に相当します。リサイクルは重要ですが、水とうを持つなどの工夫も重要です。

アルミかん
ボーキサイトを原料としたアルミでつくられる。やわらかく、軽くてさびにくい。

ボーキサイト

かんとして回収されない場合が多いもの

正しく処理しないと事故につながるものもあります。市区町村ごとのルールにしたがって分別をしましょう。

すべて飲料かん

ペンキかん

ガスかん　スプレーかん

アルミニウムはく　カートカン

金属ごみはどこへいくの？

金属には、金属光沢をもち、熱や電気を伝えやすいなどの性質があります。わたしたちの暮らしのなかで使われる主なものには、鉄、アルミ、銅、ステンレスの4種類がありますが、金属ごみの分別方法は市区町村によって大きくちがうため、まずは金属の種類をよく知り、市区町村ごとのルールを理解しておくことが大切です。

いろいろな金属ごみ

鉄

アルミ

銅

ステンレス

金属の種類	見分け方	使われている製品	
鉄（スチール）	磁石にくっつく さびやすい	フライパン・本だな・机・いす・スチールかん	
アルミ	さびにくい 軽い 1円玉の色	なべ・炊飯器のなべ・アルミサッシ（窓わく）・アルミかん	
銅	さびると緑青色になる 10円玉の色	電気コード（電線に銅が使われている）	
ステンレス	さびにくい やや重い	なべ・ボウル・はさみ・キッチンの流し台	

なるほど

同じなべでも、いろいろな金属が使われているね。30ページで紹介したかんも、鉄（スチール）やアルミでできた金属だけど、分別が異なるから注意が必要だね。

金属ごみの分別は市区町村によってさまざま

暮らしのなかで使われている金属製品は、いろいろな金属が使われているものや、プラスチックなどのほかの素材と組み合わされているものが多くあります。こうした製品をごみ回収に出すときは、自治体が出している分別表をよく見てみましょう。「金属」としての分別区分がある場合や、「燃やさないごみ」として回収する場合もあります。

はさみは鉄？　それともプラスチック？

Q　住んでいる市区町村では、金属が使われているビニールがさはどのような分別になるのかな？

金属のリサイクル

金属のごみをどのように処理するかは、市区町村によってさまざまです。金属だけを取り出してリサイクル会社に売却する場合もあれば、リサイクルせずに埋め立てている場合もあります。リサイクルをする場合、回収された金属ごみはクリーンセンターやスクラップ問屋（古い金属をあつかう業者）に集められ、選別されたのち、それぞれの素材をリサイクルする工場に運ばれます。多くの金属は、高温でとかされたあとに板状にされ、新たな資源として金属加工業者に販売されるのです。

鉄鋼メーカーで再生される金属

市区町村による回収

「金属」や「燃やさないごみ」として回収され、リサイクルする場合はクリーンセンターなどへ運ばれる

選別

分別や手分解により、鉄、アルミニウム、銅、ステンレスなど、それぞれの種類に分けられる

それぞれの製鉄工場で再生

たとえば鉄の場合、製鉄工場へ運ばれ、鉄鋼メーカーでとかされたあと、目的に応じた形につくられる

金属加工業者が再利用

再生された金属は製品として金属加工業者へ販売される

「燃やさないごみ」はどう処理されるの？

自治体のごみ分別表を見ると、「燃やさないごみ」、「燃えないごみ」、「埋立ごみ」、「不燃ごみ」などの呼び方で回収されるごみがあります。これには、プラスチック製の製品、金属、ガラス、陶磁器、かんそう剤、使い捨てカイロ、小型家電などがあてはまります。その中身や処分方法は自治体によってちがい、なかには「燃やさないごみ」の区分がない市区町村もあります。

CD・DVD　　はさみ　　ガラスのコップ　　かさ　　電話機

これらを燃やさずに埋め立てる理由は、「エネルギーやお金がたくさんかかる焼却処理を少なくしたいから」「プラスチックを燃やすと温度が上がりすぎて、焼却施設の負担になるから」「埋め立ててもくさらないごみだから」「埋め立てる場所を広くもっているから」「埋め立てるよりも、焼却やリサイクルのほうが費用が高くなってしまうから」などがあります（理由は市区町村によってちがいます）。

ある自治体の分別表にけいさいされていた主な燃やさないごみ

プラスチック製のおもちゃ、湯のみ、革ぐつ、ビーチサンダル、電球、ハンガー、ゴム長ぐつ、使い捨てカイロ、乾電池、ボールペン（金属製）

Q 自分が捨てたごみの中で、どんな「燃やさないごみ」があったのか思い出してみよう

市区町村によってちがう「燃やさないごみ」の処理方法

市区町村	燃やさないごみの種類	処理方法
A市	プラスチック 金属・陶磁器・ガラスなど	すべて埋め立てる。
B市	金属・陶磁器・ガラス	燃やさないごみを選別し、資源となるものはリサイクルする。そのほかのものは埋め立てる。
C市	燃やさないごみの収集がない	すべて焼却し、燃やした後の灰を埋め立てている。

Q 自分の住んでいる市区町村では、どんなごみを埋め立てているのか、調べてみよう

埋め立てるってどういうこと?

燃やさないごみは、埋立処分場に運ばれて埋め立てられます。「燃やすごみ」で出た灰も埋め立てられます。埋立処分場は、最終処分場とも呼ばれます。地中にごみを埋め立てることは環境にも人間社会にも何もメリットがないため、リサイクルできないごみを減らすことがなにより大切です。

最終処分場に運ばれた「燃やさないごみ」。再資源化できる金属や小型家電などを選別する市区町村もある。

埋立処分場には、「燃やすごみ」で出た焼却灰も埋められている。

埋め立てたごみの上から土をかぶせる。ごみと土を交ごに重ねて埋めていく。

「最終処分場」という別の呼び名の通り、これはごみを捨てるわたしたちの最終手段だね。埋立処分場にごみを埋めていくといずれいっぱいになって使えなくなるよ。自分のまちの埋立処分場があと何年使えるかを調べてみよう。

埋立処分場の問題点

埋立処分場は、ただ埋めているだけではありません。埋め立てごみに生ごみや木くずなどがあるとくさり、ガスが発生します。ばく発する危険があるため、ガスぬきをしています。また、処分場の底やかべはシートでおおわれていて、有害な物質が土にしみこまないようにしています。さらに、底には水の出口がつくってあります。雨がふったときに有害な物質が流れ出てしまわないように、水を集めて浄化しています。この浄化作業には多くのエネルギーとお金がかかっています。最終処分場にはじゅ命があり、いずれは満ぱいになります。新しい最終処分場をつくろうとしても近隣住民に反対され、つくれずに困っている市区町村もあります。埋立処分場を長く大切に使うためには、ごみを出さない工夫や、分別してリサイクルすることが重要です。

埋め立て処理には限界がある

Q なぜ埋め立てなければいけないごみが出てしまうのだろう?

いらなくなった服はどこへいくの?

みなさんの家庭では、不要になった衣類をどのように処理しているのでしょうか。多くの自治体では、古着や古布を資源として回収しますが、2010年のアンケート調査によると、家庭でいらなくなった服の70%はごみとして捨てられ、30%がリユースやリサイクルされていました。まだまだ使うことのできる古着や古布をごみとして出してしまうのはとてももったいないことです。

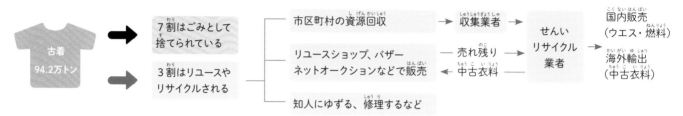

「繊維製品3R関連調査事業報告書（2010年）」を参考に作成。

古着のリユース・リサイクル

自治体の資源回収で集まった古着は、せんいリサイクル業者に運ばれ、そのまま中古衣料として販売するものと、加工にまわすものに選別されます。中古衣料として販売するものは海外に輸出されることが多く、加工にまわすものはウエスや燃料として使われます。最近では、フリーマーケットアプリやネットオークションのおかげで、リユースする服の割合がじょじょに増えています。

リユースショップで販売される古着

ウエスに加工された古着
（工場などでぞうきんとして使われる）

海外で売られる古着

古着はいろいろな方法で回収されている!?

市区町村によっては、役所の子育て課や福祉課が子ども服を回収し、必要な方にゆずるサービスをしている場合があります。また、用品メーカーによっては、古着のリユースをお店などで行っていることもあります。

宇部市の役所に置かれた
子ども服の回収ボックス

日本から輸出される古着のゆくえ

資源として回収された古着は、一部はウエスなどに加工されて国内で販売され、多くが海外に輸出されています。日本から輸出した古着の量は、2004年までは10万トン未満でしたが、その後は増え、2011年以降は20万トンをこえています。輸出先は年によって変わりますが、マレーシアや韓国、フィリピンへの輸出が多いです。古着の輸出はほかの国でも行われており、EU諸国やアメリカのほうが日本よりもたくさんの古着を輸出しています。

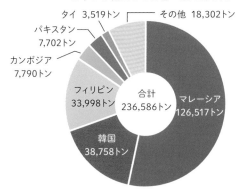

日本から輸出する古着の量と行き先

タイ 3,519トン
その他 18,302トン
パキスタン 7,702トン
カンボジア 7,790トン
フィリピン 33,998トン
合計 236,586トン
マレーシア 126,517トン
韓国 38,758トン

財務省「2018年 古着の輸出量 貿易統計」

世界の中でも、日本の古着輸出量は多いほうなんだね。輸出量が多い国は、経済的に発展した豊かな国が多いようだけど、古着が世界で有効活用されていることに安心するのではなく、まずは身のまわりで再利用できないかを考えることも大切だね。

こんな再利用の方法があるよ

ティッシュケースカバー	ぬいぐるみ	スタイ(よだれかけ)	布マスク	ウエストポーチ

ワンピースの生地からつくったティッシュケースカバー	赤ちゃんが使っていたくつ下を、いくつか合わせてつくったゾウのぬいぐるみ	タオルからつくったスタイ	手ぬぐいでつくった布マスク	ジーパンからつくったウエストポーチ

古着をくり返し利用する暮らし

日本では昔から着古した衣類も修理して使い、どうしても利用できなくなったものはほかのものにつくりかえ、くり返し利用されてきました。青森には伝統工芸品「南部裂織」があります。着古した着物や布をさいて織り直し、こたつかけや帯などをつくる技です。江戸時代、木綿が貴重だった農村で、厳しい生活を送る人びとが布を大切にする知恵として始めたそうです。衣類を大量に生産できる豊かな現代は、必要にせまられて古着を再利用することは少なくなりました。それでもファッションとして価値が認められる古着もあります。資源を大切に使うため、再利用の大切さを見直しましょう。

青森県伝統工芸品　南部裂織
（提供：百彩工房）

危険なごみこそ分別が重要

ごみの中には、回収に危険がともなう「危険ごみ」があります。あつかいを誤ると、出す側も回収する側も思わぬけがや事故につながるため、十分な注意が必要です。たとえば、ガスライターやカセットボンベは、ガスが残っているとばく発の危険があり、水銀温度計や血圧計、蛍光灯には、有害な水銀が入っています。水銀は少量でも人や動物の体内に入ると危険なため、市区町村のルールに応じて、少量でもきちんと分別することが重要です。

スプレーかん・ガスボンベ

スプレーかんは、成分をきり状にふん射させるためにかんの中にガスが入っています。燃やすごみとして出すと、ごみ収集車の中でばく発し、炎上する危険があるため、個別に回収しています。

火災の原因になったスプレーかん・ガスボンベ

ごみ収集車の火災

なるほど

スプレーかんは、中身のガスを使い切って捨てないとたいへんなことになるね。ガスが残っている場合の捨て方は、指定された場所（消防署など）へ持っていく、屋外で出し切るなどのように決められているから、かならず市区町村の案内を確認しよう。以前は、穴を開けてから捨てるルールの市区町村があったけれど、穴を開ける作業は危険なため、今ではほとんどの市区町村では、ちがう方法でガスをぬくように指導しているよ。

水銀温度計（体温計・血圧計）・蛍光灯

水銀は、人や動物の体内に入ると中毒症状があらわれて健康被害が出ます。水銀は、水銀温度計や蛍光灯に使われて、こわれるなどして捨てるようになった時は個別に集める必要があります。

水銀体温計

蛍光灯

なるほど

温度計や蛍光灯は割れやすいから、取りあつかいに十分な注意が必要だね。家庭で多く使用される蛍光灯は約73％の市区町村で分別回収されていて、水銀を取り除いてからガラスをリサイクルしているよ。

蛍光灯の分別回収

電池

電池*は、市区町村の分別回収のほか、販売店で回収している場合もあります。電池を捨てるときは電極をテープで包み、発火事故を防ぎましょう。とくに充電式電池は、しょうげきを受けると、ばく発や火事を起こす危険があり、ごみ収集車の火事を防ぐためにも、きちんと分別することが重要です。

さまざまな充電式電池

電池を種類ごとに回収する自治体

> 充電式電池はこんなところに使われている

ノートパソコン・携帯電話・スマートフォン・電動工具・コードレス電話機・ワイヤレスイヤホン・充電式ゲーム機・コードレス掃除機

ガラスの破片・針・刃物など

ガラスの破片・針・刃物などの捨て方は、市区町村によって異なりますが、ある市の捨て方を紹介します。

① 新聞紙などでくるむ

② ガムテープでとめる

③ ごみ袋に入れて、「キケン」と書く

「燃やすごみ」として捨てる場合、「燃やさないごみ」として捨てる場合、「危険ごみ」として捨てる場合など、市区町村によってちがいます。

刃物がそのまま捨てられた危険なごみ

考えよう
Q 収集のときに危険がありそうなごみには、ほかにどんなものがあるのだろう？

殺虫剤や農薬の残りはどうするの⁉

殺虫剤や農薬が残った場合の捨て方は、とても難しいです。殺虫剤・農薬の販売会社の多くは「市区町村の指示にしたがってください」とウェブサイトなどで説明している一方、市区町村のごみ処理方法のウェブサイトでは「販売店に相談してください」としている場合が多く、処理方法を明確にしていない市区町村が多いのが現状です。危険なものだからこそ、使用者が迷うことなく捨てる方法を明確にする必要があり、今後十分な検討が必要です。

さまざまな農薬

*電池には、一次電池と二次電池がある。一次電池は、乾電池やボタン電池などの使い切りの電池で、二次電池は充電してくり返し使える電池。一次電池と二次電池は、リサイクル方法がちがう。

特定4家電ってなんだろう？

わたしたちが使っている大型家電のうち、冷蔵庫（冷凍庫）、洗濯機（衣類乾燥機）、テレビ（ブラウン菅・液晶・プラズマ）、エアコンの4種（「特定4家電」）は家電リサイクル法（特定家庭用機器再商品化法[*1]）という法律の対象になっています。家庭から出すごみの多くは原則として市区町村が処理しますが、特定4家電のリサイクルは製造しているメーカーに義務づけられているため、特別に民間のルートで処理されています。

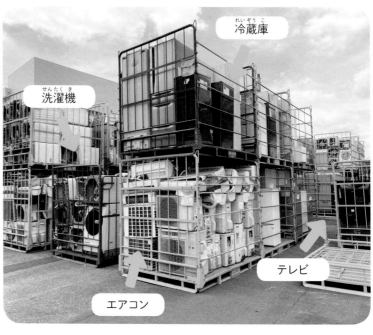

冷蔵庫
洗濯機
テレビ
エアコン

考えよう

Q 特定4家電は、なぜリサイクルが法律で義務づけられることになったのかな？

商品のリサイクルを義務づけた初めての法律

もともと家電製品は、市区町村の大型ごみとして処理されていました。しかし家電製品は、大きくて重く、アルミや鉄などの資源が多くふくまれていることや、オゾン層を破かいするフロンが入っているため処理には特別な装置が必要になることから、リサイクル費用は製品を購入した消費者が負担し、リサイクル処理はメーカーに義務づけられました。

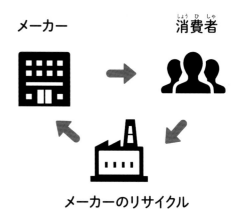

メーカー　　消費者

メーカーのリサイクル

地球温暖化の原因物質「フロン」を確実に処理する

冷蔵庫やエアコンには、冷やしたり、温めたり、断熱したりするためにフロンという気体が入っています。しかしこのフロンは、地球温暖化の原因物質のひとつです。また、古い冷蔵庫やエアコンには、オゾン層をこわすフロン（特定フロン）が使われていました。オゾン層は、宇宙からくる有害な紫外線などが地球に届かないように防ぐ働きをしています。そのため、冷蔵庫などを処理するときは、フロンを確実にぬき取って処理をします。

冷蔵庫のコンプレッサーからフロンをぬく作業

　[*1]エアコン、テレビ、冷蔵庫・冷凍庫、洗濯機の4品目について定められたリサイクルの法律。

どうやって捨てたらいいの?

特定4家電を買いかえる場合は、家電販売店でリサイクル費用を支はらって、引き取りをお願いするのが簡単です。しかし、新しく家電を買わない場合は、家電販売店が引き取りをしてくれないときもあります。その場合は、郵便局でリサイクル費用を支はらったうえで、地域にある指定引き取り場所まで運びましょう。

郵便局でリサイクル費用を支はらうことができる

リサイクル費用の支はらい → 🖥️ → 販売店による回収 / 自分で運ぶ （自分で運べない場合は市区町村が案内する方法で処理する） → 最寄りの指定引取場所に運ぶ 🏢 → リサイクル工場 🏭 家電メーカーのリサイクル工場で解体する

リサイクル料金の目安			
冷蔵庫	洗濯機	テレビ	エアコン
3400円〜5115円	2300円〜2965円	1200円〜3415円	900円〜1890円

2020年現在。運搬費用や消費税はふくまれていません。（一般財団法人家電製品協会　家電リサイクル券センター）

引き取られた特定4家電はどうなるの?

リサイクル工場に運ばれた特定4家電は、鉄、銅、アルミニウムなどの金属や、プラスチックなど、素材ごとに分解されます。7割以上の部品がマテリアルリサイクルやサーマルリカバリー[2]に利用されています。

手作業で取り外されるプラスチックの部品

フロンガスをぬき取る作業

くだいて金属とプラスチックを分離する

リサイクルを想定した設計

家電リサイクル法が始まり、特定4家電についてはメーカーが使用後のリサイクルまですることになりました。そのため、メーカーはそれまで以上に「リサイクルのしやすさ」を想定してつくることになりました。特定4家電を分解しやすいようにしたり、使用するネジの種類を統一したり、リサイクルしやすい素材を使ったりと、工夫しています。

プラスチックの素材名が書かれている
リサイクルしやすい家電

[2] ごみ原料として燃やし、発電などのエネルギーにすること。

小型家電には、金・銀・銅がいっぱい

日本全体で、1年間に捨てられたパソコンや携帯電話、ゲーム機といった小型家電は、約65万トン（経財産業省）と推定されています。これらの小型家電には、金や銀など、もとは鉱山でほり出された貴重な金属が多く使用されています（その金額は推定800億円以上）。そのため、捨てられた小型家電の貴重な金属資源は、都市にある鉱山という意味で「都市鉱山」と呼ばれることがあります。

スマートフォンを分解した部品の一部

貴重な金属が使われる小型家電

携帯電話

デジタルカメラ

ポータブルゲーム機

ノートパソコン

プリンター

これらの製品では、金、銀、銅などの貴金属、チタンやニッケルなどのレアメタル（希少金属）を使用している。

鉱山から金を採るのはとてもたいへん

金は主に鉱山から採れた鉱石から採取されますが、携帯電話に使われている基板1枚（約140g）にふくまれている金48mgを取り出すためには、金の鉱石を約52.8kgも採らなければなりません。

約140gの基板
（金48mg）

52.8kgの金の鉱石

小型家電の捨て方

家庭で使用済みになった小型家電の回収方法は、市区町村によってちがいます。月に一度「小型家電」として回収する市区町村もあれば、「燃やさないごみ」として回収したあと、職員が手作業で分別する市区町村もあります。また、役所や家電量販店に回収ボックスを置いていることもあるほか、そのまま埋め立てている市区町村もあります。

回収ボックスで小型家電を集めている公民館

小型家電の排出方法には、いろいろな方法があるようだから、自分が住んでいる市区町村のルールを知ることが大切だね。小型家電の大きさや種類を限定して、回収している市区町村もあるよ。電池や充電式電池が取り外せるものは、取ってから捨てよう。

小型家電はどのようにリサイクルされるのだろう？

特定4家電と呼ばれる大型の家電については、1998年に「家電リサイクル法」が定められましたが、有用な資源を多くふくむ小型家電もなるべく再利用するために、2013年に「小型家電リサイクル法*」が定められました。市区町村や小売店などによって回収された小型家電は、リサイクル事業者によって分解、選別が行われたあと、金属製錬事業者が金属を取り出し、新たな資源として製造メーカーに販売しています。

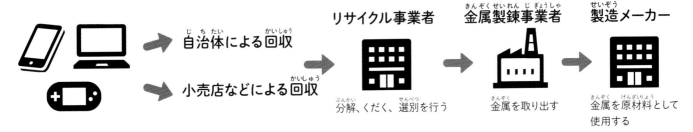

自治体による回収
小売店などによる回収

リサイクル事業者
分解、くだく、選別を行う

金属製錬事業者
金属を取り出す

製造メーカー
金属を原材料として使用する

小型家電ごみの価値は金属で決まる

小型家電のなかには、希少価値のある金属がほとんどふくまれていないものも多くあります。市区町村によっては、リサイクルにかかるコストを減らすため、回収できる小型家電を限定し、価値の低い小型家電をリサイクルしないこともあります。

せん風機などの価値の低い小型家電

大型のごみはどうすればいいの?

家庭から排出されるごみのうち、袋で収集できない家具や自転車、布団などの大きなものは、大型ごみ（粗大ごみ）として処理されます。市区町村によってルールはさまざまですが、近年では大型ごみ収集を有料化する市区町村が増えています。電話をして、収集時間と費用を確認し、スーパーなどで処理券を購入する仕組みが多いです。回収された大型ごみは、工場で解体して粉ごなにされ、素材ごとに分けて、金属はリサイクル、木材は燃やすごみとして処理されます。

京都市の粗大ごみ処理手数料券。ごみが大きいほど必要な処理券の枚数が増える。

清掃工場に集められた大型ごみ。たんすやスプリングマットレス、ソファーなどがある。解体して袋に収集できるものは、分別をして排出することもできる。

考えよう

Q 大型ごみの収集はなぜ有料化されたのだろう?

さまざまな大型ごみ

大型ごみは、燃やすごみのように袋では収集できないため、ごみ収集車では収集できません。大型ごみを集めるために、別のトラックで回収しなければならないうえ、一度に運べる量は限られます。また、回収した大型ごみは、職員が解体などをする作業も必要です。このように、大型ごみの収集や処理には、ほかのごみよりも手間がかかります。なにが大型ごみに当てはまるかという基準や料金は、市区町村によってちがいます。

スプリング式ベッド

自転車

加湿器

畳

洗濯機
（特定4家電なので大型ごみでは収集できない）

大型ごみのゆくえ

大型ごみをどのように処理するかは市区町村によって異なります。大型の破砕機で細かくだいてから焼却したり、職員が手で解体したりします。解体後に分別し、焼却やリサイクル業者への売却を行うことになりますが、大型ごみの収集や処理にはたいへんな労力がかかります。

自治体により
回収された大型ごみ

大型ごみの量は
年間約180万トン

大型ごみ処理施設

大型ごみを解体し
たりくだいたりする

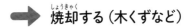
リサイクルする（金属など）

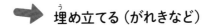
焼却する（木くずなど）

➡ 埋め立てる（がれきなど）

ある町の大型ごみの処理

スプリングマットレスは、中にあるバネを取り出して金属として売り、布とスポンジは焼却する

たんすなどの木製品は、粉ごなにして燃えやすくする

さまざまな大型ごみを解体し、金属や木くずなどに分ける

大型ごみの収集や処理にはとても手間がかかるんだね。全国で年間180万トンも排出されている大型ごみの中には、まだ使えるものがたくさんありそうだね。

リユースショップを活用しよう

市区町村によっては不要になったものを回収し、修理などをして施設で安価で販売している場合もあります。使わなくなったものを、そうしたリサイクル施設に出すだけではなく、積極的にリサイクル品を購入することも、大型ごみを減らすことにつながります。

リサイクル施設に並ぶ大型家具

おしっこやうんちも大切な資源！

ごみ処理の仕事では、おしっこやうんちのことを「し尿」と呼びます。家の多くは街に集まっているので、し尿はお風呂の水や台所の水といっしょに汚水として下水道を通り、下水処理場へ運ばれています。下水処理場から遠くはなれた地域などでは下水道が通っていないので、し尿をタンクにためておいたり、家の地下に浄化槽という装置を設置して浄化したりしています。法律では、このし尿や浄化槽汚泥もごみの一種と決められていて、バキュームカー（吸上車）でくみ取りに行っては、し尿処理施設に運んで処理しています。

し尿を運ぶバキュームカー

考えよう

Q 自分の家の排水は、どこで処理されて、どこの川や海に流されているのかな？

し尿は資源になる

農業は、作物を育てるために肥料を使います。この肥料と同じ成分が、人のし尿にもふくまれています。農地で肥料を吸収した農作物を人が食べて、排せつするからです。日本では昔から、人のし尿を農家が買って使っていたので、肥料成分が図のように循環していました。しかし現在は、一部の地域でしか肥料化されていません。人のし尿は、利用されずにほとんど捨てられていて、肥料のリンやカリウムは海外の鉱山から採れたものを輸入しています。資源を大切に使うためには、し尿も肥料としてリサイクルできる仕組みが大事なのかもしれません。

人　　　し尿

食料　　　肥料

江戸時代のし尿買い
（提供：国立国会図書館デジタルコレクション）

し尿のゆくえ

し尿は肥料として貴重な資源である一方で、うまく利用できないと不衛生になり、コレラやペストなどの感染症の原因になっていました。そのため、世界の都市で衛生的に処理する工夫が行われ、日本でも1500年ごろには、下水道がつくられ始めました。日本の下水道普及率は、約80%（2018年）です。

下水道がある地域

家庭から出す排水は下水道を通り、下水処理場まで運ばれます。下水処理場では、砂などの重いごみを底にしずめ、ためてから取り除いたり、微生物の働きで有機物を分解してきれいにした水を川や海へ流しています。

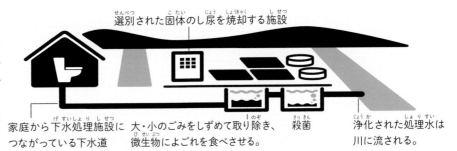

選別された固体のし尿を焼却する施設

家庭から下水処理施設につながっている下水道

大・小のごみをしずめて取り除き、微生物によごれを食べさせる。

殺菌

浄化された処理水は川に流される。

下水道がない地域

トイレの地下に、タンクを置いてし尿をためている家では、定期的にバキュームカーでくみ取り、し尿処理施設で水をきれいにして川や海へ流しています。地下に浄化槽を設置している家では、その場で処理して、きれいになった水を川や海に流しています。

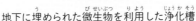
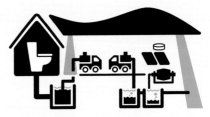

地下に埋められた微生物を利用した浄化槽

くみ取り式便所のし尿を集めるバキュームカー

なるほど 下水にはし尿だけではなく、工場からの排水もいっしょに流れているよ。工場では、人体に有害な重金属などを使っていることもあるから、そのような工場がある地域では、下水から肥料をつくるときは注意が必要なんだ。

ブタと人の連けいプレーでし尿が資源に！

中国や東南アジアでは、トイレの下でブタを飼っている地域があります。人がうんちをすると、下にいるブタが食べ、そして成長したブタを人が食べます。ブタ肉→人が食べる→うんち→ブタが食べるという循環ができているのです。わたしも海外でブタ便所にチャレンジしましたが、便器の下にブタがいるときんちょうして、なかなかうんちが出ませんでした。

ブタを飼育するところ

人がしゃがむ場所

フールーと呼ばれる沖縄県の昔のトイレ。右側がブタの飼育スペース。フールーの横には、オオハマボウという木が植えられ、この葉っぱでおしりをふく。

著者紹介

丸谷　一耕（まるたに　いっこう）

1979年京都府生まれ。NPO法人木野環境代表理事。高校生のときは有機農家をめざしていたが、進路相談をした大学教授に「農業こそが環境破壊」だといわれ、大学で環境問題を勉強することに。学術博士。

古木　二郎（ふるき　じろう）

1968年大阪府生まれ。株式会社三菱総合研究所に在職。様々な環境問題解決の役に立ちたいと思い、シンクタンクに就職しました。主に、容器包装や生ごみ、プラスチックの3Rに取組んでいます。学術修士。

滝沢　秀一（たきざわ　しゅういち）

1976年東京都生まれ。お笑いコンビマシンガンズを結成し、芸人を続けながらも2012年にごみ収集会社に転職。ごみ収集の体験や気づきを発信して話題に。著書に「このゴミは収集できません」（白夜書房）など多数。

山村　桃子（やまむら　ももこ）

1975年宮城県生まれ。エム・アール・アイリサーチアソシエイツ株式会社在職。環境問題と消費者の意識・行動に関する研究を行っている。小学生の息子とともに様々なエコ体験学習に参加し、楽しく学んで身につけるを実践中。経営学修士。

上田　祐未（うえだ　ゆみ）

1986年京都府生まれ。NPO法人木野環境所属。組成調査をきっかけにごみ減量に夢中になる。生ごみからつくる肥料の使い方をマスターしたいと思っている。博士（農学）。

特定非営利活動法人(NPO法人) 木野環境

京都市左京区木野町で学生の環境サークルとして始まる。2001年にNPO法人化。企業の環境コンサルティング、廃棄物業者のサポート、自治体や国の廃棄物施策立案の手伝いをする。持続可能な循環型社会の構築に向けた提案をすることが使命。ごみに関する夏休みの自由研究をサポート中。質問などはぜひご連絡ください。

ごみはどこへいく？
ごみゼロ大事典
❶家庭のごみ

図書館用堅牢製本

2020年10月25日　初版第1刷発行

著　者	丸谷一耕　古木二郎　滝沢秀一　山村桃子　上田祐未 特定非営利活動法人木野環境
編集	阿部浩志（ruderal inc.）
デザイン	向田智也
写真提供	株式会社アースクリエイティブ・柏原紙商事株式会社 一般財団法人家電製品協会・キユーピー㈱・九州大学総合研究博物館 国立国会図書館デジタルコレクション・酒井酒造株式会社 札幌市環境局環境事業部業務課・東洋ケミカル株式会社 一般社団法人日本鉄鋼連盟・株式会社パートナーズコーポレーション 百彩工房・マルソー産業株式会社・真庭市・マツユキリサイクル ユニバーサル製缶株式会社
協力	寺嶋諒（撮影）・土井美奈子・井上惇・佐木子（ジオラマ）・馬返順子
発行人	松本恒
発行所	株式会社少年写真新聞社 〒102-8232　東京都千代田区九段南4-7-16 市ヶ谷KTビル I TEL 03-3264-2624　FAX 03-5276-7785 URL　https://www.schoolpress.co.jp
印刷所	大日本印刷株式会社
製本所	東京美術紙工

©Ikko Marutani, Jiro Furuki, Shuichi Takizawa, Momoko Yamamura, Yumi Ueda 2020 Printed in Japan
ISBN 978-4-87981-717-4　C8036　NDC518

校　正	石井理抄子　古川妹
編集長	野本雅央

キーワードさくいん